W0233533

Matthias Stührwoldt ist Bauer und Schriftsteller zugleich. Er wurde 1968 geboren, lebt mit seiner Frau und seinen fünf Kindern im schleswig-holsteinischen Stolpe und bewirtschaftet dort einen Biohof. In seinen Büchern erzählt er vom Leben auf dem Land und das mal hochdeutsch, mal plattdeutsch. »Ich glaube, ich wäre ein schlechterer Bauer, wenn ich nur Bauer wäre und ein schlechterer Autor, wenn ich nur Autor wäre.« Stührwoldt beschreibt seinen Alltag mit unerschütterlichem Humor. Neben Kühe melken und Gülle fahren, nimmt er sich auch immer wieder Zeit zum Schreiben. Seine Bücher heißen »Verliebt Trecker fahren«, »Schubkarrenrennen« oder aber »Nütz ja nix« (alle erschienen im ABL Bauernblatt Verlag GmbH). Im Quickborn-Verlag liegen mit »Schnack vernünfti mit mi«, »Lever he as ik!«, »Gassi gahn!« und »Dat blaue Band« vier plattdeutsche Bücher vor, die auch als Hörbücher erschienen sind.

Matthias Stührwoldt

Dat meiste geiht
doch vörbi

Quickborn-Verlag

Alle Rechte, insbesondere der Vervielfältigung, der Übersetzung,
der Dramatisierung, der Rundfunkübertragung, der Tonträgeraufnahme,
der Verfilmung, des Fernsehens und des Vortrages,
auch auszugsweise, vorbehalten.

Die plattdeutsche Schreibweise des Autors
ist unverändert übernommen worden.

ISBN 978-3-87651-391-1

© Copyright 2014 by Quickborn-Verlag, Hamburg
Umschlagfoto: Günter Pump, Nordhastedt
Gesamtherstellung: CPI books GmbH, Leck
Der Umwelt zuliebe
auf chlorfrei gebleichtem Papier gedruckt
Printed in Germany

Inhalt

Anröhren

Machmol warr ik fraagt, wat ik mi erlauben wörr, so över mien Öllern to schrieven as ik dat do. Wo kunn dat angahn, dat ik schrieven wörr, mien Mudder weer depressiv? Un wo kunn dat angahn, dat ik mi an anner Steed över ehr lustig möök, ob ik wohl gor keen Ehrgeföhl harr? Ob ik mi nich wat schoomen wull?

Nee, ik schoom mi nich, anter ik denn. Mien Mudder harr nu mol lange Tieden vun Depressionen; dat is eenfach de Wohrheit un keen Schann. Ik jedenfalls schnack doröver. Is doch beter, as sien ganzet Leven rüm to lögen un all de Lüüd wat vun Mogenprobleme un Buukweh to vertellen, wenn dat doch üm Depressionen güng. Un de weren nu mol präsent bi uns. Mudder ehr Depressionen hörten to unse Familie, jüstso as Mudder ehr gode

Tieden. Wokeen bringt dat wat, doröver to schwiegen?

Un wat dat Lustigmoken angeiht, hebbt mien Öllern een dicket Fell. Viellich erst mit de Johren kregen, aver hüüt hebbt se dat. Mit ehren schrievenden Söhn mööt se jüstso ümgahn, as ik dormols mit ehr as Öllern. Kannst di jo nich utsöken, wokeen dien Söhn oder dien Mudder oder dien Vadder is. Den oder de kriggst du vörsett, un denn muttst du dormit lang. Wenn jedeen Schriever ümmer Rücksicht nohmen harr op düsse oder jene Lüüd, un weren dat ok sien Öllern – nienich weer jichtenswat vun Belang schreven worrn. En harr sik dat Schrieven un dat Lesen schenken kunnt un blots noch Hitparade vun de Volksmusik in Fernsehen keken.

De Rücksicht is dat Gegendeel vun de Wohrheit, segg ik denn, un mi geiht dat üm de Wohrheit un dorüm, mien Lesers antoröhren. Un wokeen anröhren will, de dröppt machmol ok. Jedenfalls kann de, de nich dröppt, ok nich anröhren. Överhaupt sünd all mien Geschichten erstunken un erlogen. Un se handelt – dat köönt ji mi glöven – vun Leevde, vun nix anners as de Minschen un de Leevde.

8

Wokeen dat versteiht, hett mi verstahn. Dat geiht üm uns un dorüm, wo wi tosamen leevt. Ik bün mi seker: De Stoff geiht nienich ut. De Welt is vull vun Geschichten, un solang een Geschicht uns anröhren kann, sünd wi noch nich doot.

Keen Twiefel

Wenn ik jemols Twiefel harr, ob mien Öllern mi würklich leev harrn, ik meen, so richtig leev – nu, hüüt is mi wat infullen, wat ok den letzten Twiefel verweiht hett, jüst so as de letzte Storm unsen Appelboom in Goorn.

Nu, ik heff in Januar Geburtsdag, un ik much dat to gern fiern, so richtig fiern. Also keen langwieliget Sit-in mit Sabbeln oder gor een Teeavend mit Vanille- un Wildkirschen-Tee, nee, ik heff dat ümmer richtig krachen laten. De erste Stock wörr utrüümt, de grote Anlaag dorin, un denn aver danzen, nich mit Anfaten, nee, wild un gau möss dat ween, all de Lüüd weren dor, un för mien Öllern weer dat nie een Problem. In Gegendeel, Mudder stünn in de Köök un möök Frikadellen för alle, un mien Vadder stünn mit een Buddel Beer in Döörrohmen un schnack un soop mit mien Frünnen.

Denn bleev, in Dezember 1987, mien Opa doot, un mit den Dag hebbt mien Öllern mien Oma to sik nohmen. Se kreeg, achtig Johren olt, de Gästestuuv in ersten Stock, direkt blangen mien Komer, un fief Weken later weer mien twintigsten Geburtsdag, den ik so gern groot fiern wull, so as ümmer, luut un schietig. Ik heff mien Öllern fraagt, ob dat güng, ok mit Oma, un mien Öllern meenen, ik schull man mien Geburtsdag fiern so as ümmer, se wörrn sik wat överleggen för Oma. Mien Frünnen weren nett; noch nie weer wat kaputt gahn, un överhaupt, Feste möss een fiern, solang man jung un knackig is. Olt un krank un bitter wörr een vun ganz alleen.

Un as dat mit dat Fest sowiet weer, hett mien Vadder in Döörrohmen stahn un schnackt un sopen so as ümmer, un mien Mudder un mien Oma hebbt tosamen Frikadellen mookt. Un as se to Bett gahn sünd, hett mien Oma in de Ritze vun mien Öllern ehr Ehebett schlopen, dormit ik in ersten Stock wieder fiern kunn, luut un schietig. Wat ik ok mookt heff.

Wenn ik dor so över nadink – un wenn ik mi vörstell, ik schull mit mien Mudder un mien Fru tosamen in een Bett schlopen: Mi dücht, mien Öllern harrn mi würklich leev. Keen Twiefel.

De Schneekatastrophe

Dat is nu över 35 Johren her, aver ik heff dat nich vergeten. Ik weer teihn, un rund um Silvester worr dat mit eenmol koolt, un denn full Schnee ohn End. Allens bröök tosamen, Verkehr, Strom, Fernsehen, allens, un de Welt weer witt. Aver ehrlich: för uns Kinner weer dat Spoß. Sorgen hebbt sik blots de Olen mookt, wi Kinner klattern op Dack un jumpen in de Schneewehen, wedder un wedder. De Stuuv weer warm un wi harrn to eten, de Rest weer uns egol. Nee, beter, dat weer beter, dat weer Aventüer. Un sogor extra lang, denn wi harrn wegen de Schneekatastrophe een ganze Week länger Wiehnachtsferien.

Wi harrn sogor noch Strom; mien Öllern kunnen melken, anners as veele annere Buern. Een Problem weer aver, dat de Melklaster nich komen kunn. Un denn hett Vadder sik wat infallen laten. De Meierie een Dörp wieder weer dormols noch in Gang, un unsen Hof weer dormols al an de Autobahn. Also hebbt mien Öllern all de Melkkannen vull mookt un op den Anhänger stellt. Autofohren weer verboten; Treckerfohren aver nich. Vadder hett den Draht an de Autobahn open mookt un is denn mit Trecker un Anhänger op de verkehrte Siet vun de Autobahn int Naverdörp fohrt, eene halve Spur weer frie, na de Meierie hin. So sünd wi wenigstens unse Melk los worrn, un Vadder is wohrschienlich de eenzige Geisterfohrer op de Autobahn west, de mitn Trecker ünnerwegens weer.

Annere Buern weern leger an. Nie warr ik den Buern vergeten, den ik in Fernsehen sehn heff. Sien Buernhof leeg ganz alleen, un de Straat weer nich frie. Een Hubschrauber harr em jüst wat to eten bröcht, dor weer een Kamerateam dorbi un hett em interviewt. He ween, denn he harr nix mehr to freten för sien Mastschwien, de quieken in Stall achter em un fungen an, sik sülven optofreten. De Buer harr Angst üm sien Existenz. He stünn noch vör sien Stall un ween, as de Hubschrauber al wedder afhoben harr.

Ik warr dat nich vergeten: vunt Dack in Schnee jumpen, Spoß hebben, un de Buer, de weent hett.

Erektion

As ik dormols in de Pubertät weer, neegte, teihnte Klass, mit föffteihn oder sössteihn, dor seet ik oftins in de Klass in Ünnerricht un harr spontane Erektionen. Ik meen, ik kunn dor nix för, ik heff mi keen besünnere Gedanken mookt oder so, ik heff ok nich an mi rümspeelt, nee, dat passeerte eenfach, dat Ding harr nu mol sien Eegenleven, un ik seet dor mit mien Stiefen. Dat weer nich angenehm, dat kann ik ju vertellen. Ik glööv, dat weer eenfach so, dat he mi seggen wull: Kiek mol, ik bün hier, un ik funktionier!

Mien gröttste Angst weer ümmer, dat ik denn, in düssen Tostand, na vörn möss, an de Tofel, un in Matheünnerricht wat vörreken. Dor wöör ik denn stahn, mit mien roden Bollerkopp, dat Rohr in de Büx, un alle, aver ok utnahmslos alle

wören sehen, wat mit mi los weer, ok de Mathe-
lehrerin, un in mien schlimmste Vörstellung
wöör se seggen: »Oha, Matthias, hast du eine
Pistole in der Tasche oder freust du dich nur,
mich zu sehen?« Un all wören se lachen, un ik
wull nix anners as op de Steed doot ümfallen.
Ton Glück is sowat nie passiert; ik möss nich
eenmol mit een Stiefen an de Tofel, un mit de
Johren hebbt sik ok de spontanen Erektionen
geven. Jichtenswann hett dat ganz opholen.
Keen Meldung mehr: Kiek mol, ik bün hier, un
ik funktionier! Dat weer erst eene Erleichte-
rung, aver wenn ik dor nu so över nadink, viell-
lich bedüüt dat jo ok: Ik bün nich mehr hier, un
ik funktionier ok nich mehr! Oha, ik weet nu
nich, wat ik dorvun holen schall … aver egol,
wenigstens heff ik nu mien Roh! Ik kunn to jede
Tiet an de Tofel gahn un wat vörreken.
Wenn ik denn noch reken kunn, aver ok dat hett
nalaten. Nülichs hett mien Dochter mi froogt,
ob ik ehr mit Mathe hölpen kunn, dor weer se
noch in de achte Klass. Joo, heff ik seggt, heff mi
dat ankeken un harr keene Ahnung, würklich
keenen Schimmer, wat dat weer un worüm dat
güng. Oha, keen Mathe, keene Erektion – ik
glööv, ik warr olt.

Hugh!

Mien Dochter Carla hett eene Fründin, Frida, de leevt mit ehr Mudder in Dänemark, in Kopenhagen. Dat kümmt oftins vör, dat Frida hier to Besöök is, wenn in Dänemark Schoolferien sünd, aver nich in Dütschland. Fröher, as Carla noch in de Grundschool weer, in Stolpe, dor weer dat keen Problem, dat Frida mit Carla to School güng. Se wörr fründlich opnohmen as Gast un möss vertellen, wo dat in Dänemark to güng, in de School.

As Carla denn in de Realschool keem un se wull Frida mitbringen, dor güng dat nich. Hett de Schoolleitung nich tolaten. Wi sünd doch keen Frietietsinrichtung för Urlauber, harr de Klassenlehrerin seggt – oder seggen mösst, un Frida möss wedder afhoolt warrn.

As ik dat höört harr, kunn ik blots mit den

Kopp schütteln. Un ik möss an Pidder denken, mien ehemols besten Fründ. Den harr ik över Football kennen lehrt. Eegentlich heet he Peter un keem ut Langenfeld int Rheinland. Unse Footballvereene weren Frünnen un harrn son Ort Jugenduttusch, un op düsse Wies sünd Pidder un ik ok Frünnen worrn. Över Johren hebbt wi uns besöcht, ümmer wedder, bit wi uns ut de Ogen verloren hebbt. Wat miene Schuld west is. Ik weer böös mit em, wiel he na den Bund gahn is un nich verweigert harr, so as ik. Ik kunn recht sülvstgerecht ween as jungen Kerdl. Kort un ehrlich seggt: Ik weer een Idiot.

Vör unsen Bruch is Pidder in siene Ferien ümmer wedder bi mi to Besöök west, jüstso as ik bi em. Vör allem in de Sommerferien weer dat denn oftins so, dat ik al wedder to School möss, un Pidder harr noch frie. Avends seten wi oftins an unsen See, un Pidder höög sik doran, dat dat bi uns in de Nacht würklich duster weer – dat harr he vun siene Heimat in Ballungsruum nich kennt – un af un to is he denn ok mol mit mi komen, to School, na Plön int Gymnasium. Dat weer överhaupt keen Problem, un ik weet noch, wo mien Schoolfründ Siggi, Pidder un ik tosomen in Kunstünnerricht bi Herrn Rothmaler –

de Lehrer heet würklich so, keen Witz – seten un ant Arbeiden weren. Ok Pidder harr sik een Blatt herkregen un weer ant Malen. He seet nich blangen mi, sünnern blangen Siggi, dor weer noch een Platz frie, un Herr Rothmaler fröög, ob Siggi sik nich umsetten wull, dormit Pidder blangen mi, sien Fründ, sitten kunn, un Siggi keek hoch, leeg sik de rechte Hand op dat Hart un sä mit Indianermiene un deepe Indianerstimm: »Der Freund meines Freundes ist auch mein Freund. Hugh!« Herr Rothmaler möss lachen un güng wieder. Un wi lachen ok. Un denn malen wi wieder. Dat Wark vun Pidder heff ik afgeven un eene Twee dorför kregen, miene beste Note in Kunst, de ik jemols harr. Ik heff mi nie nich dorför bedankt. Viellich schull ik dat naholen, viellich schull ik em anropen. Jo, dat schull ik. Hugh!

Boyfriend-Jeans

Nülichs flatter uns son Katalog int Huus mit jede Menge Kleedaasch för Fruunslüüd, un as ik den so dörchbläder, dor fallt mi een Siet op, dor harrn all de Fruuns sonöhmte »Boyfriend-Jeans« an. Ik möss lachen. Ik meen, as ik noch jung un knackig weer, dor hebbt de Deerns, mit de ik tosamen weer, ok gern mol wat vun mi antrocken, aver doch merstendeels T-Shirts, Hemden oder Pullis, de kunnen jo ok mol een beten schlabberiger sitten, aver mien Büxen hett keen Deern anprobeert, dorför weren mien Büxen ok eenfach veel to groot, ik meen, dor harrn se jo jüstso goot een Kartüffelsack antrecken kunnt. Aver as ik dat seeg, mien Deern in mien Pulli, in ehren Boyfriend-Pulli, dat röhrte mi an, dat funn ik goot, ik föhlte mi annohmen un wüss, de Deern harr mi würklich leev. Un ik wull vun düsse Leevde so gern wat trüch geven, aver ik wuss nich, wie. Ik meen, ik heff dat utprobeert, nich blots eenmol, een Girlfriend-T-Shirt antotrecken. Den Kopp heff ik sogor dörch dat Lock kregen, aver denn weer dat vörbi. Un mien Deern – nu, de weer nich anröhrt, nee, de hett mi wat utlacht. Un denn hett se seggt, ik schull ehr T-Shirt nich twei moken, un hett mi dat wedder weg nohmen. Verstah eener düsse Fruunslüüd! Dor will ik al mol Geföhl un Toneigung wiesen, op miene Ort, un denn wüllt se dat nich!

Butenbeer

Ik bün keen Drinker. Een Glück. Noch nie harr ik Lengen na Alkohol, nich na Wien un ok nich na Kööm oder Beer. Seker, af un to heff ik mol toveel drunken, op Parties, un för de annern Lüüd weer dat machmol recht lustig, wiel ik so lustig weer, aver mol ehrlich: Dat is so selten vörkomen un so lang nich mehr, dat een vun unse Döchter nülichs seggt hett, wi – also Birte un ik – harrn ehre Kindheit kaputt mookt; denn se weer de eenzige vun ehre Frünnen, de dat noch nie beleevt harr, dat ehre Öllern vull weren, besopen. Dor möss ik denn doch lachen. Ik glööv, dat gifft wohrhaftig schworere Schicksale.

Dormit dat klor is: Ik bün keen Abstinenzler, un ik heff nix gegen Alkohol, jedenfalls nich mehr as gegen annere Drogen. Un af un to drink ik ok mol een Beer. Selten, aver dat kümmt vör.

Aver nie alleen, ümmer in Gesellschopp. Un ik glööv tatsächlich, Probleme mit Alkohol fangt meist dor an, wo een den Stoff alleen wegneiht. Wenn een dat bruukt, denn wörr ik mi Gedanken moken.

Miene besten Beere weren in Gesellschopp un buten. De allerbesten Beere sünd sowieso buten, mit Frünnen. Wo gern dink ik doran torüch, fröher, in de Sommerferien, wenn wi avends an unsen See ant Ufer seten un schnacken un denn schmeten wi uns Daschengeld tohopen un holen eene Kist Beer. De erste, de een Auto harr, hett ehr ut Oma Krause ehren Stuvenladen evakuiert, un denn seten wi in Kreis ant Water, keken övern See un drunken uns Butenbeer. Langsam wörr dat düsterer, schwach lücht de Sommerheven över uns, un an de anner Siet vun See stünn schwatt as een Lock de Wald as de Tokunft vör de Pessimisten, aver wi weren keen Pessimisten. Dat Leven leeg vör uns as de See, un schiet op düster, dat warrt ok wedder hell, so seker as de Beerkist lerdig warrt. Dörtig Johrn is dat her, dörtig lange Johrn. Wi Frünnen vun fröher droopt uns ümmer noch, eenmol int Johr, ton Beer drinken, buten, machmol ok an See. Aver nich an unsen. De is besett.

Dat weet ik, wiel ik dat seh. Jedet Johr, in Sommer, gah ik na de Arbeit mit mien Kinner rünner an unsen See. Afköhlen. Den Stoff afspölen. De Gören vun Ponton schubsen. Schwimmen. Un dor, an unsen See, an unse Steed, sitt jedet Johr de aktuelle Dörpsjugend tohopen, een Kist Beer in de Mitt, un kiekt övern See hin na den düsteren Wald op de anner Siet. Bald loopt se uteenanner, aver egol. De See blifft, de Wald blifft, de Sommerheven kümmt jedet Johr wedder, blots de Gesichter ännert sik, un jedet Johr wasst niede na. Se drinkt ehr Butenbeer un sünd tohopen, noch. Se sünd – jüstso as wi dormols – weder de ersten noch de letzten. Un viellich warrt se dat Butenbeer mit de Frünnen jüstsowenig vergeten as ik.

De Turboschmökers

Ik harr dat nie nich dacht, aver machmol köönt de Schmökers een jo richtig leed doon. Ik meen, fröher, dor weren wi Nichtschmökers jo ümmer de Gelackmeierten. Ik bün över Johren in een Auto mit veer Schmökers na de School in Plön föhrt, as eenzigen Nichtschmöker. Ik heff mien Quantum an Nikotin weg, ohn dat ik jemols Geld för Zigaretten utgeven heff. Un ik heff nu noch Schmachter un Entzugserscheinungen, un dat is nu meist dörtig Johr her. Un wenn ik ton Schluss Lungenkrebs krieg, schull mi dat nich wunnern.

Hüüt is veeles anners worrn. Ton Glück. Keen een truut sik, in öffentliche Rüüme to schmöken, un een bruukt blots mol dörch de Stadt to lopen un all de freernden Schmökers in Regen, Ies un Schnee antokieken, wo se buten staht un bibbert, un se doot di richtig leed. Denn lever de harten Drogen oder Alkohol, ganz ehrlich, dor kannst wenigstens in de warme Stuuv blieven.

Un nülichs, bit Zugfohrn, sünd mi all de Turbo-schmökers in de Bohnhööf opfullen. De ICE höllt an, un denn springt se gau rut, Kippe an Hals un mit möglichst een oder twee, höchstens dree Züge inhaleeren un wedder rin in den ICE, vör de Fohrt wieder geiht. Se mööt een riesiget Lungenvolumen hebben; se köönt wist noch mit 150 all de Kerzen op den Geburtsdagsko-ken mit eens utblasen. Un ik will ehr meist be-wunnern, aver denn denk ik gau, dat se so olt jo gor nich warrt, se sünd jo Schmökers, un se doot mi wedder leed. Blots eens begriep ik nich, un dat is Helmut Schmidt. De schmökt as dull un is all 150. Tscha, viellich schull ik dat Schmöken doch wedder anfangen. Un wenn dat blots dat Passivschmöken is...

Evolution

Gifft jo Lüüd, de glöövt an de Schöpfung. Un dat gifft Lüüd, de glöövt an de Evolution. Ik bün eener vun de letzteren. Ik meen, wenn ik so doröver nadink: Mien Körper ton Bispeel, de weer nich ümmer so, as he nu is. De hett sik ganz allmählich evolutioneert. Jedenfalls kann ik mi nich besinnen, dat de Schöpfer na mi hinkomen is un seggt hett: »Weetst wat, jungen Kerdl, du gefallst mi so noch nich. Hier hest du noch ne dicke Ripp extra.« Nee, mien Körper, de is wussen, Gramm för Gramm, Kilo för Kilo, Zentner för Zentner. Un ganz vun sülven! Wat segg ik: Dat is Evolution! Köönt ji mi glöven! Un ik bün ja ok Footballer. Ümmer noch, in de Altliga vun TSV Wankendörp. Mittelstürmer, Typ Horst Hrubesch. In letzte Tiet bün ik wedder recht erfolgriek. Un ok dat hett mit Evolution to doon. Mien Evolution as Footballer mark ik ümmer, wenn dat Eckball gifft. Denn steiht de Torwart in sien Kasten un kiekt, ob jedeen Gegenspeler deckt is. As ik ut de Jugend in de Herren keem, reep de Torwart: »Deck mol den Schnellen dor!« un wies op mi. Denn weer ik mol Kreisliga-Torjäger un de Torwarte harrn mi klook; se repen: »Deck den Bomber!« Dat weer schöön, aver allens, wat schöön is, hett een End. Ik fung an, de Reste vun de Görentellers to eten – dat schull ja nich verkomen! – un wörr een beten stabiler. Een Torwart, de dat goot mit mi meen, reep: »Deck den Groten dor!«, aver de mersten repen blots: »Deck den Dicken!« Aver ok dat is al wedder vörbi. Nülichs, op den Platz, Eckball, keeneen hett mi deckt; de Torwart hett dat sehn und reep: »Deck den Dikken!«, aver denn keek he mi genau an, överleeg sik dat anners un sä: »Ach wat, den kannst stahn laten!« Ecke, ik weer ungedeckt, Manni Banane, ik Tor. Un allens wegen de Evolution vun mien Körper. Ik warr nich mehr deckt, un ik scheet wedder Tore. So mookt Football Spoß.

Dat Marzipanbrot

Eegentlich bün ik ja nich so de Wiehnachtstyp. Liekers freu ik mi op Wiehnachten. Dat hett eenen eenzigen Grund: Ik mag to un to gern Marzipan. Also nich den billigen Schiet, nee, dat echte, dat wohre, dat würklich ut Lübeck kümmt. Dat kööp ik mi nich sülven, un dat is een Glück, denn wörr ik mi dat sülven köpen un nich blots schenken laten, denn wörr ik wiss tweehunnertföffteihn Kilo weegen – un nich hunnertföffteihn, so as nu.

Nee, ik krieg dat schenkt, vun mien Mudder, to Wiehnachten. Dreehunnert Gramm Marzipanbrot, ohn Schokolaad buten rüm. Jedet Johr, siet ik denken kann. Un dat is ümmer dat sülvige: Denn liggt dor ünnern Boom düt lütt Paket, dat sik al dörch sien Form verroden deit. Eegentlich weet ik wat dorbin is, aver ik will dat sehn! Un denn riet ik dat Papier af, un denn liggt dat dorbin, in dat dörchsichtige Plastik, un dat glänzt so fien, un denn dink ik, ik will blots doran rüken, un ik treck de Folie af, an de Eck, op de steiht: »Bitte hier öffnen!«, un denn suug ik düssen so wunnerboren Duft in, un ik dink, ach, blots eenen Bissen dorvun, wi hebbt jo eben erst Kartüffelsalat un Wüst hatt, ik bün jo noch satt, un denn biet ik rin, un dat schmeckt so unglaublich supi – un obwohl ik genau weet, dat dat wedder 364 Daag, 23 Stünnen un 58 Minuten duert, bit ik wedder so een Marzipanbrot twüschen de Kiemen krieg, putz ik dat in Nullkommanix weg, restlos. Ik kann nix dorgegen doon, un ik freu mi al düchtig op Wiehnachten!

De Schokolaad dorna

In de letzten Johren is ja würklich veel passeert, wat den Nichschmöker-Schutz angeiht. As ik vör rund twintig Johren mit mien Dochter in Dörpskrog to Kinnerfasching weer, dor seten all de Öllern op den Saal un weren ant Schmöken, as wenn dat keen Morgen geev. Undenkbar, hüüt, un dat is goot so. Machmol find ik aver, se överdrievt dat. So gifft dat ton Bispeel een Foto op een Plattencover vun Simon and Garfunkel, dor hett Paul Simon een Zigarett in de Hand. Siet een poor Johren aver nich mehr, se hebbt den Glimmstängel eenfach weg retuscheert. Tscha, de Amis un ehre bekloppte political correctness. Un wat is överhaupt ut de Zigarett dorna worrn? Ik meen, fröher, in jedeen Kinofilm, legen se na den Sex int Bett un weren ant Schmöken as de Fabrikschlote, un wenn dat een amerikanschen Film weer, denn harrn de Fruuns ümmer noch den BH an, total unrealistisch, oder mookt de Amis dat so? Egol, jedenfalls weern se ant Schmöken, un dat seeg cool ut, so cool, ik wüss as Jugendlicher gar nich, wat ik lever wull: Sex hebben oder dorna int Bett liggen un schmöken. Doch, ik wüss, wat ik lever wull, aver schmöken kunn ik alleen, ton Sex aver fehlte mi de meiste Tiet wat Wesentlichet. Also heff ik dat mit dat Schmöken utprobeert, aver ik heff dat nich trech kregen, to inhalieren, ohn to hosten, un schmöken un hosten, dat weer dat Gegendeel vun cool. Also heff ik glieks wedder ophöört to schmöken, un hüüt freu ik mi doröver.

Un denn heff ik Birte funnen. Jichtenswann legen wi – twee Nichschmökers – dorna int Bett. Tscha, wat mookt twee Nichschmökers dorna int Bett? Genau, se eet Schokolaad. Süht twars nich so cool ut, un een mutt oppassen, dat de Schokolaad nich smölten deit un de Lakens vullschmeert, aver dat geiht üm den Genuss. Un de stimmt. Is ok gesünder as Schmöken, un wenn du toschlöppst, brennt di de Hütt nich af. Also eens is klor: De Schokolaad dorna, de is beter as de Zigarett dorna, de is so goot, een kunn glatt den Sex dorvör weglaten. Is ja ok to un to anstrengend, ehrlich mol…

In mien Kopp

Ik heff, as ik een Jung weer, mien Oma ümmer dorüm bewunnert, dat se allens, wat se in de School utwennig lehrt harr, ümmer noch utwennig kunn, as se al mien Oma weer. Dor weer ehre Schooltiet al üm un bi sösstig Johren her, aver noch ümmer kunn se all de Gedichten un Balladen un Leeder butenkopps.

Ik dorgegen kann nich een vun de Gedichten, de ik in de School utwennig lehrt heff. Ik weet nich mol mehr, welke Gedichten dat weren. Jo, dor weer de »Zauberlehrling« vun Goethe, un de »Glocke« vun Schiller weer ok dorbi. Dorvun kann ik ümmerhin noch de kotte Version, de is nich so licht to vergeten:

Loch in Erde / Bronze rin / Glocke fertig / Bim Bim Bim!

Aver de ganze Rest – un wi hebbt in Plön an de

School noch relativ veel utwennig lehrt – weg, verschwunnen, nix mehr dor. Un hüüt weet ik ok, woran dat liggt: Dat is överschreven worrn. De Spiekerkapazität is nu mol begrenzt, un dor, wo vörher de Gedichten seten, lungert nu de Niede Dütsche Welle rüm, ok wenn se lang al de Ole Dütsche Welle is. Un de Leeder kann ik all butenkopps. Noch ümmer föhrt mien Maserati tweehunnertteihn, noch ümmer seh ik den Sternenheven, noch ümmer weer ik de Goldene Rieder, noch ümmer mookt Fred vun Jupiter mi schwach, noch ümmer brennt de School, hurra, hurra! Düsse Leeder kann ik ümmer noch singen, ach wat, gröhlen kann ik de. Ik mutt över de Texte nich mol nadinken. De höört eenfach to mi to, un wenn ik anfang to singen, koomt se rut, mit Druck, as de Luft ut een kaputten Reifen.

Mien Kopp is vull mit Niede Dütsche Welle. Dat is de Wohrheit. Dor passt nix anners mehr rin. Keen Gedichten, keen Balladen, keen Leeder, keen Gedanken, keen Verstand. Nix. Blots Markus, Nena, Hubert Kah un all de annern. Mien Kopp is vull. Deit mi leed.

Op Kunstexkursion

Ik harr dat meist vergeten, aver nülichs heff ik dor mol wedder an dacht: Ik güng noch to School; ik weer in de Oberstufe. Een vun miene leevsten Kurse weer de Kunstkurs, obgliek ik in Kunst so untalentiert weer, as dat even güng. Aver ik harr dor ümmer Interesse an, un noch hüüt gah ik, wenn ik in eene niede Stadt bün, ümmer gern in dat Kunstmuseum un laat mi vun de Biller ant Hart griepen.

Dat erste Kunstmuseum, in dat ik weer, weer dat Sprengel-Museum in Hannover. Dat weer een Exkursion mit den Kunstkurs, un unsen Lehrer – de sien Fru mit harr – hett uns dörch de Utstellung föhrt un uns de Kunst verklort. Denn harr jedeen vun uns Tiet, sülven dörch de Utstellung to gahn un de Biller wirken to laten. Un as ik dor so stünn, heff ik sehn, wo mien

Kunstlehrer Arm in Arm ganz innig mit sien Fru dörch dat Museum güng. Sogor küsst hebbt se sik, un ik heff dacht: Sühst wohl, dat is möglich, dat Lüüd, de so richtig olt sünd – bestimmt al meist veertig oder so – sik ümmer noch richtig leev hebbt un nich eenfach tosamen blievt, wiel se al ümmer tosamen west sünd un wiel sik dat Utenannerlopen nich höört. Un ik heff lächelt un mi wünscht: Wenn ik mol so steenolt bün as mien Kunstlehrer, denn will ik ok noch Arm in Arm ganz innig mit mien Fru dörch Kunstmuseen latschen. Un ehr küssen, eenfach so.

Lange Tiet heff ik dor nich an dacht, bit ik jichtenswann höört heff, dat mien Kunstlehrer un sien Fru sik trennt harrn. Dor harr ik wedder wat dorto lehrt; wedder weer ik een Stück erwassener worrn.

Heirat heff ik liekers. Bit hüüt heff ik dat nich bereut. Un Birte un ik, wi gaht ümmer noch tosamen dörch Kunstmuseen. Hoffentlich doot wi dat noch lang.

Birtes Ohr

Birte un ik, wi sünd al siet lange Tiet een Poor.
As wi tosamen keemen, dor geev dat de DDR
noch, un Helmut Kohl weer Kanzler un noch so
flink op de Been, dat man, wenn man Eier op em
schmeten harr, sehn möss, dat man weg keem,
anners geev dat wat lang Fell, vun em persönlich.
Nu hebbt wi bald Sülverhochtiet, Birte un
ik, Helmut Kohl sitt in Rullstohl, un Angela
Merkel, de in de ersten Johrn in de Politik
echt sööt weer, mit ehrn authentischen östlichen
Charme, süht nu bald so ut as Kohl dormols,
un wenn se schnackt, denn is dat ok nix Besün-
ners mehr.
Hüüt, na dreeuntwintig Johrn Ehe, hebbt Birte
un ik een Bett, dat is twee Meter lang un een Me-
ter achtig breet. Wi hebbt soveel Platz int Bett,
dor kunnen locker noch dree anner Lüüd in

schlopen, un man wöör sik noch nich mol op den Wecker fallen. Wenn wi uns to jichtenswat int Bett verafreden wüllt, Ehehygiene oder wo man dat nöhmt, denn mööt wi op't Best vörher telefoneern un een Treffpunkt afmoken, anners besteiht de Gefohr, dat wi uns gor nich drepen doot. Un jedereen liggt ünner sien egen Bettdeck, ümmer ünner sien egen Bettdeck. Ik find dat schaad, aver ik bün ok de, de överall un ümmer schlopen kann, int Stahen, int Sitten, int Liggen. Ik kann sogor schlopen, wenn ik schnorch, un dat köönt ji mi glöven: Ik bün de eenzige, de schlopen kann, wenn ik schnorch. Mien Schnorchen is legendär.

Fröher, 1990, as Birte un ik tosamen keemen – ik weer Zivi un Birte Praktikantin in de Kita, wo wi arbeiden – dor weer mien Bett een Meter veertig breet, aver Birte un ik schlöpen ümmer op de eene Matratz, söventig Zentimeter, ünner eene Deck. Wi schlepen eng ümschlungen, un ümmer weer mien linken Oberarm dat Kissen för ehrn Kopp. Wenn wi morgens opwaken, harr ik den Afdruck vun Birtes Ohr op mienen Arm, as een Tatoo. Ik kunn dat den ganzen Dag lang sehn, un erst avends, wenn wi to Bett güngen, weer dat weg, aver blots, üm glieks wedder niet mookt to warrn.

Birtes Ohr op mien Arm – machmol sünd dat de ganz lütten Saken, de ik vermiss, machmol, in Alldag. Un Birtes Ohr, dat is würklich lütt, dat köönt ji mi glöven.

Doofe Biller

Ik find dat jo schlimm, wenn de Lüüd ümmer seggt, fröher weer allens beter un so'n Quatsch. Stimmt jo ok nich. Wat is beter, un wat is schlechter, un in de Summe is dat ümmer de sülvige Mist. Köönt ji mi glöven, de Mist warrt nich weniger; de Misthupen is ümmer liek hoch.

Veele Lüüd find jo ton Bispeel, dat dat mit dat Fotografeeren allens beter worrn is, siet dat Digitalkameras un sogor Handies gifft, de nix anners sünd as Fotoapparate, mit de du telefoneeren kannst. Kannst de doofen Biller glieks löschen, un de goden kannst du di op den Computer loden un so lang bearbeiden, bit dien Fru utsüht as Angelina Jolie un du sülven as Brad Pitt. Denn hett dat ganze twors nix mehr mit de Wohrheit to kriegen, aver egol. Ik find dat schlimm, echt. Wenn mien Dochter, de is fööf-teihn, mi de Facebook-Profilbiller vun de Deerns in ehr Öller wiest, warrt mi ümmer ganz anners. All so lang bearbeit, bit se all liek utseht, un ümmer düssen Lolita-Schmolllippen-Blick un de Softporno-Posen, keen Wunner, dat de Pädophilen so gern int Internet surft. Aver dat is noch een ganz anner Problem.

Nee, ik heff mi dat Fotografeeren afgewöhnt. Dat weer nich plant; dat is eenfach so komen. Ik kunn mit de mistige Digitalknipserie noch nie wat anfangen. Ümmer is de Akku lerdig, un du drückst op den Knoop, un dat Mistding foto-grafeert erst twee Sekunnen later. Un denn all dat Rünnerladen, Överladen, Löschen, all den Käse. Nee, siet miene ole Lüttbildkamera ka-putt is, fotografeer ik nich mehr. Un dat find ik schaad.

Denn fröher heff ik dat gern mookt. Mit teihn heff ik mien erste Pocketkamera kregen un knipst, knipst, knipst; denn een poor Johrn gor nich, wiel ik Fotografeeren spießig funn. Ik wull leven, un keen Biller dorvun moken. Dorüm heff ik meist keen Biller twüschen 17 un 22, un hüüt arger ik mi doröver. Denn keemen Birte un ik tosamen, un ik heff wedder fotografeert. Am schönsten funn ik ümmer den Ogenblick, wenn ik bi'n Drogeriemarkt de Fototasch afhoolt harr, denn int Auto gau de Biller ankieken un mi wedder argern, wat vör'n Mist ik all fotografeert harr un wo doof de Biller weren, aver wo schöön machmol ok. De Wohrheit even, dat wohre Leven. Dat is nu mol nich ümmer schöön. Dat is oftins ok doof, un du kannst dat nich glieks wedder löschen.

Ik will mien ole Lüttbildkamera torüch. Ik will endlich wedder doofe Biller sehn. Wohre, doofe Biller vun mien wohret, doofet Leven. Se fehlt mi.

Een Mol

Een Mol weer ik sowiet. Ik harr jüst Striet hatt mit een vun miene pubertierenden Gören, un ik bün anbölkt worrn mit jichtenswat, dat sik so ähnlich anhöört hett as »Fick dich, du Bimbo!«. Ik weet, dat kunn nich ween, aver so hett sik dat anhöört. Ik heff noch nafroogt: »Wie bitte?«, aver dor worr mi de Döör al vör de Nees toschlogen. Un ik heff dacht: So geiht dat nich wieder. Ik hool dat nich mehr ut. Ton ersten un eenzigen Mol harr ik een Stimm in mien Kopp, de sä wedder un wedder: Harrst du blots nie anfungen mit den Mist! Du un dien Fru, ji harrn son schönet Double-Income-No-Kids-Poor ween kunnt, ant Wekenend Frietiet un Golf spelen viellich, allens supi. Un keeneen bölkt di an mit »Fick dich, du Bimbo!« oder jichtenswat, dat so ähnlich klingt.

Ik heff mi dat Laptop herkregen un Internate googelt, twee Stünnen lang. Weer interessant, aver ümmer, as ik bi de Priesliste ankomen weer, wörr mi klor: Dat köönt wi uns för eenen Monat leisten, aver nich op Duer. Un langsam, ganz langsam wörr mi bewusst, dat ik ut de Nummer nich mehr rut keem. Dat weer Mitternacht, as ik dat Laptop endlich toklapp. Un ik wüss: Dat warrt nich eenfach, aver wi mööt dor dörch, anners geiht dat nich. Ik heff mi tröstet mit den Gedanken, dat de goden Familien nich de sünd, in de ümmer allens Friede, Freude, Eierkoken is – wenn ji mi froogt: dat gifft dat ok nich! – nee, de goden Familien sünd de, de dörch all den Mist un Dreck un Arger un Striet tosamen hoolt. Ik heff hofft, dat wi so een Familie sünd, bün to Bett kropen un heff töövt, dat de Welt an nächsten Morgen een beten beter utsehn wörr.

Un so weer dat ok. Dat geiht ümmer wieder. Keen Dag is so as de dorvör, un jichtenswo kümmt een dor dörch. Jichtenswo sünd wi dor dörch komen, bit nu. Dat is noch nich vörbi, aver mien Fru un ik, wi sünd toog. Wi hebbt fief Kinner, un ok de sünd toog. Uns kriggt so licht nix kaputt. Schocken deit uns gor nix. Wi loopt nich weg. Vör nix.

Alfie

Dat is een poor Johr her; dor weer mien öltste Dochter noch in de Grundschool, un de is nu al in de Utbildung. Ik weer tohuus, un as Marie ehr School ut weer, hett dat düchtig regent. Ik heff dat mitkregen un heff dacht: Oha, ik hool ehr vun de School af. Wenn se de twee Kilometer in Regen löppt, is se dörch, wenn se int Huus is. Also bün ik mit Auto losföhrt. Se weer al op den Weg, aver ik keem noch rechttiedig. Se hett sik freut, dat ik komen weer, un steeg in. Un een poor Meter achter ehr keem ehrn Klassenkamerad Alfie langs den Weg. »Wollen wir Alfie nicht nach Hause bringen?«, fröög Marie.

Nu mutt man folgendet bedenken: Alfie is Bayern-Fan. Un ik bün twors gor keen Fan mehr – siet dat in Dütschland een Mannschapp gifft, de sik von Gazprom betahlen lett, geiht de Bun-

desliga mi an Mors vörbi, un ik will dor eegent-
lich gor nix vun weten – aver fröher, as Jung,
weer ik groten HSV-Fan. Se sünd dormols blots
Europapokalsieger worrn, wiel ik mit mien
HSV-Teddy vörn Fernseher seet, soveel is klor.
Un ik kann dor nix vör; ganz deep in mi gifft dat
noch Reste vun düsse Tieden, un dorüm bün ik
tendenziell pro HSV un anti Bayern.
Un nu weer dor Alfie un stünn in Regen. Nachts
harr he in sien Bayern-Pyjama ünner siene Bay-
ern-Bettdeck schlopen, denn weer he opstahn,
hett sik mit siene Bayern-Teehnbörst de Teehn
putzt un sien Bayern-Ünnerbüx, de Bayern-
Socken un den Bayern-Pulli antrocken. Ut sien
Bayern-Beker harr he sien Kakao drunken, un
in de School harr he de Bayern-Fellertasch ut
sien Bayern-Ranzen trocken. Wat Merchandi-
sing angeiht, harrn de Bayern an em al een enor-
met Vermögen verdeent. Nu stünn he in Regen,
mit sien Bayern-Ranzen op den Rüch, dorünner
de Bayern-Regenjack, op den Kopp dat Bayern-
Käppie. Mit flehenden Blick keek he mi an.
Ik reep: »Soll ich dich mitnehmen?« Un he
nickköpp trurig. Ik sä: »Ich nehm dich mit. Un-
ter einer Bedingung – du sagst zehnmal: Bayern
ist scheiße.« Ik weet nich, wat ik dacht harr, wat

he antern schull, aver as ut de Pistol schoten keem de Antwort: »Bayern ist scheiße. Bayern ist scheiße. Bayern ist scheiße…« Un so wieder, un so fort. Ik weer entsetzt. Dat he sien Vereen so gau veraden hett, hett mi denn doch över-rascht. He steeg in un weer int Dröge. Eegentlich, so dach ik, harr ik em lopen laten schullt. Ut Prinzip. Un ik heff em ungern mitnohmen.

Aver wenn he seggt harr: »Klei mi an Mors! So wat segg ik nich över mien Vereen! Denn warr ik lever natt!« Dat harr mi imponeert un ik harr em gern mitnohmen. Aver ganz ehrlich: Bayern-Fans, de hebbt ja doch keen Mors in de Büx!

Füerwehröbung

Mien öltste Dochter Marie is ja ganz aktiv in de Füerwehr. Jichtenswann harr se mi mol froogt, ob de Füerwehr bi uns in de Maschinenhall eene Öbung moken kunn, un ob unse lütteren Kinner Carla un Jon un ik villich Opfer ween kunnen, de de Füerwehr retten kunn. Worüm nich, heff ik seggt, un wi hebbt eenen Termin utmookt.

As de Dag keem, weer düchtig wat los bi uns op den Hof. Toerst hett de Füerwehrhauptmann mi vertellt, wo ik mi in de Halle versteken schull – jichtenswo twüschen de Anhängers schull ik mi hinleggen – un Carla un Jon schullen sik op eenen Trecker setten. Denn hebbt se de Halle so inrökert, dat man sien Hand nich vör de Ogen sehn kunn. Dören to, un denn schullen de Atemschutzmaskendrägers uns retten. Intwüschen güng de Sirene, un dat duer nich lang, un wi hörten de Füerwehrautos op den Hof rullen, un buten güng hektische Action af, Woterschläuche leggen, Rettung vörbereiden, Wuss grillen, Beer drinken, Gesabbel, man kennt dat ja. Denn güngen de Dören op, un toerst hörte man dat Geröchel vun de Atemschutzgeräte, un denn dat »Hallo? Ist hier jemand?«. Mien Kinner schullen antern, ik schull aver bewusstlos ween, dor kunn ik schlecht antern. Also leeg ik still dor wüschen de Anhängers, un denn sünd de Atemschutzdrägers op den Weg na den Trekker mit mien Kinner reinweg över mi stolpert. »Hier liegt einer!«, reep de een Maskendräger den annern to, »Aber wie das aussieht, ist das ein ganz schöner Brocken! Bewusstlos, den müssten wir auch noch tragen, Alter! Da hab ich jetzt kein Bock auf! Und da hinten rufen Kinder! Lass uns die erst holen, die sind leichter, und der hier ist eh schon fast doot!« »Okay!«, sä de anner, un weg weren se, hebbt mien Kinner rett un wullen sik jüst dat erste Beer holen, dor sä mien Söhn Jon: »Mein Papa ist da noch drin!« Also sünd de Atemschutzdrägers noch mol wedder komen, mit Verstärkung, söss Mann an de Trage, söss Mann, söss Ecken, aver liekers hebbt se noch rümjault, wo schwor ik weer un dat se dat nu in Rüch kriegen wörrn un so wieder un so fort. Ümmerhin hebbt se mi ruthoolt. Ik meen, harr mien Jung dat nich anschnackt, ik wöör dor hüüt noch liggen un töven. Un dat is twee Johren her! Intwüschen weer ik bestimmt sogor een beten lichter worrn, un se harrn mi mit Schüffel, Besen un Schuvkoor wegholen kunnt! Een Glück, dat mi dat ersport bleven is. Een Glück, dat dat de Füerwehr gifft!

Lose-Lose-Situations

In de Wirtschaft, also nich in de Gastwirtschaft, sünnern in de Betriebswirtschaft, dor sabbelt se ja machmol bösen Schiet. Ik meen, de Lüüd seggt: »Wi sünd goot opstellt«, wenn se keenen Plan hebbt, un se seggt: »Wi hebbt unse Schoolarbeiden mookt.«, wenn se Subventionen wüllt, wiel se mit ehr Geld nich trech koomt. Un oft schnackt se ok vun Win-Win-Situations, wenn vun eene Saak twee wat dorvun hebbt, ton Bispeel hau ik Hans-Peter een op de Nees, wiel ik mi afreageeren mutt, un dat is goot för mi, un de Schönheitschirurg freut sik ok, wiel he Arbeit hett un Geld verdeent, un dat is goot för em. Un ant End freut sik sogor Hans-Peter, wiel he mit siene niede Nees veel hübscher is as vörher, un dat is goot för em. So is dat sogor een Win-Win-

Win-Situation. Ik möss so wat veel öfter mo-
ken, ehrlich.

Bi mi in Kohstall gifft dat ok Win-Win-Situ-
ations. Ton Bispeel, wenn ik alleen ant Melken
bün, ik heff keen Stress, also Tiet noog, een
Kann vull frischen Kaffee, un denn melk ik ganz
in Roh mien Köh. Dat mookt Spoß, ik grabbel
an de Euters rüm un denn fallt mi ümmer glieks
een schöne Geschicht in, de ik opschrieven
kann. So is mien Buernarbeit goot för mien Au-
torenarbeit: Sühst woll, Win-Win-Situation.

Gifft aver ok Lose-Lose-Situations. Nülichs,
dor weer ik ant Melken, un denn grabbel ik dor
an een Euter rüm, un mit eenmool schitt de Koh
dorvör mi meist op den Kopp, un dat mit
Dünnpfiff, ik seeg ut as een Dalmatiner mit all
de brunen Punkte, un erst verfehr ik mi un denn
warr ik böös un bölk de Koh an: »Du Mist-
hund, ik wull di wat, mi hier vullschieten, du
olle Söög!«, un de annern Köh verfehrt sik un
kriegt Angst vör dat Gebölke, heeft de Sterten
hoch un fangt ok an to schieten, een na den an-
nern, un ik krieg noch veele Dalmatinerpunkte
dorto.

Tscha, harr de Koh nich scheten, harr ik nich
bölkt, harr ik nich bölkt, harrn de annern Köh

nich scheten. Klore Fall vun Lose-Lose-Situation. Liekers kunn ik een Geschicht dorvun vertellen, un dat is ümmerhin goot. Also nich Lose-Lose, nee, Lose-Lose-Win. Wat schall ik seggen: Ik bün goot opstellt, un ik heff miene Schoolarbeiden mookt.

Köh in de Sünn

Mien Köh
sommerdags
op de Weid
in de Sünn

machmol tooft se rüm
as de Kalver
jagt sik
rangelt
bockt sik an
schlagt ut un bölkt
övermödig
as de Kalver

wenn ik dat seh
bit Köh holen
ik kunn blarrn vör Glück
so schöön is dat

Köh in Regen

Mien Köh
sommerdags
op de Weid
in Regen

hett sik dat inregent un
warrt so gau nich wedder dröög
denn dreiht se den Mors int Wedder un
stickt den Kopp in Busch
as wörr dat hölpen

natt warrt se liekers
aver de Ool seggt:
Laat uns hüüt mol halvlang moken
bi son Köhmorswedder
nützt dat all nix

un ik segg:
joo

Dat meiste geiht doch vörbi

Mien öltsten Trecker is to glieke Tiet de nieste in mien Fuhrpark. Vör een poor Johren keem mien Vadder dormit an; he harr sien Buernkolleeg Helmut besöcht, de sien Hof opgeven harr un sien olen Trecker verköpen wull. Rein tofällig harr mien Vadder 5000 Euro in de Tasch un hett em köfft. Un denn hett he mi em schenkt, eenfach so. So bün ik to mien Helmut komen; denn so hebbt wi den Trecker nöömt, sien Vörbesitter to Ehren. Helmut is een Fendt, Buujohr 76, 65 PS, ohn Allrad, ohn Kabine, blots een Flatterverdeck. Aver dat is nu ok al Geschichte, denn siet eenige Tiet is Helmut een Cabrio. Dat güng ganz gau, ik weer mit em op de Bundesstraat ünnerwegens, un denn keem uns een groten Laster entgegen, een 40-Tonner, un wusch! klappt dat Verdeck na achtern, während de Fohrt! Dat nenn ik High-Tech!

Sietdem hett Helmut keen Verdeck mehr, blots noch de Frontschiev. Wenn ik nu mit em in Regen föhr, warr ik natt. Ik dink denn ümmer an den olen Melkkutscher, vun den mien Vadder mi vertellt hett. Dat weer de letzte vun sien Zunft, de noch mit Peerd un Wogen ünnerwegens weer, üm de Melkkannen bi de Buern aftoholen un na de Meierie to bringen. Vadder vertell, düsse Melkkutscher harr nie Regentüch bi. Bi Schietwedder tröck he eenfach sien Hemd ut, pack dat in den Kasten ünner sien Kutschbank, sä jichtenswat as »Dat meiste geiht ja doch vörbi!« un föhr mit nockten Oberkörper sien Tour, un wenn dat ophöll to regen, harr he ümmer een dröög Hemd dorbi. Düsse Melkutscher weer nie, nich eenmol krank west, bit he jichtenswann, he weer wist al meist hunnertföfftig, doot vun Kutschbock fullen is.

Wenn ik also nu bi Regen mit Helmut ünnerwegens bün, denn treck ik mien Hemd ut, pack dat in de Warktüchkist un fohr mit nockten Oberkörper dörch de Gegend. De Lüüd kiekt komisch, aver dat is mi egol. Ik föhr Cabrio-Trekker, Dag un Nacht, Sommer un Winter. Dat meiste geiht ja doch vörbi, un krank bün ik al lang nich mehr west.

Droomberufe

Ik kann mi noch goot dorop besinnen, wat de erste Droomberuf vun unsen öltsten Söhn Peer weer. He weer jüst in de School komen, as he eenmol sehn hett, wo een Kohschrot-Lasterfohrer op unsen engen Hof mit Laster un Twee-Achs-Anhänger ümdreiht hett, as ob dat nix weer. Rüchwarts mit een Twee-Achs-Anhänger, blots na Spegel, un de Anhänger leep denn ok jüst so, as de Fohrer dat wull – dat is eene grote Kunst. Dorüm kunn ik dat goot verstahn, dat Peer düssen Fohrer bewunnert hett – ik heff em jo ok bewunnert – un Peer reep över Weken ümmer wedder: »Ich werde Schrotlasterfahrer!« Ik heff seggt, he schull sik dat man nochmol överleggen. Lasterfohrers warrt bruukt, seker, un se sünd grote Künstler, wenn se ehr Geschäft verstaht, aver se warrt schlecht betahlt un kriegt vun dat veele Sitten un den Autobohnraststedenfraß gau de typische Truckerfigur: dünne Been un dicken Buuk.

Ik bün ok nich dat worrn, wat ik wull. As Kind wull ik gern Footballprofi warrn oder de Beatles, aver nich blots een, nee, alle veer, ik wull John, Paul, George un Ringo ween, un viellich Jimi Hendrix ok noch. Is all nix worrn, un as ik sössteihn weer, keem noch een Option dorto. Mien Öllern weren – tweeuntwintig Johren na ehre Hochtietsreis – dat erste Mol wedder över Nacht ünnerwegens: veer Daag mit Raiffeisen-HAGE-Technik int Allgäu, de Fendt-Fabrik besichtigen un mit veele anner Buern supen. Mien Broder un ik bleven tohuus un schullen op de Tieren passen. Un wenn een Koh bullen wörr, denn schull ik den Besamer anropen. De Telefonnummer harrn mien Öllern mi extra opschreven.

Natürlich hett een Koh bullt. Un denn heff ik den Besamer anropen. Vörher weer ik recht opgeregt. Ik wüss ja nich, wat ik seggen schull un ob de Besamer noch komische Fragen stellen wörr, wat för Sperma ik wull oder so. Dat Hart schlög mi bit na den Hals, un denn nöhm de Besamer af un bölkt int Telefon: »BESAMUNG! WERNER KRAUSE AM APPARAT!«

Dor wüss ik: Dat wull ik ok. Ik wull ok Tele-
fondienst moken un rein dienstlich int Telefon
bölken: »BESAMUNG! MATTHIAS
STÜHRWOLDT AM APPARAT!« Ik wull
ungestraft Sätze seggen as: »Is se ok goot dörch-
säftet? Hett se ok de ganze Nacht bölkt?« Un ik
wull ok een Job hebben, bi den kole Fingern
keen Problem sünd.
Aver dat is anners komen. Ik bün Buer worrn.
Keen Beatles, keen Besamer. Un Peer, mien
Söhn, is nu fardig mit de School un fangt eene
Utbildung an. Landwirt. Natürlich hett mi dat
freut. Ümmerhin geev dat ja de Möglichkeit, dat
dat mit den Hof wieder geiht, un doröver freut
de Buer sik. Un Peer hett sik ok freut, dat he nu
wüss, wat na de School keem. He weer so froh
doröver, dat he dat an Kaffeedisch glieks mien
Öllern vertellt hett, mit een Strahlen int Gesicht.
Un wat hett mien Mudder seggt: »De Jung
schull man lever wat Örntlichet lehren!«
Machmol – dat mutt ik togeven – arger ik mi
över mien Mudder. So ok in düsse Situation.
Aver so is mien Mudder: Mosern mit Leiden-
schap, Rümquaken in Perfektion. So hebbt wi
ehr leev. Wat blifft uns anners över?

Produktionsaufgaberente

Siet he dinken kunn, is he de Buer west. Geboren in den Krieg, in den sien Vadder bleev, opwussen op den Hof, den sien Mudder rett hett, so goot dat even güng, tosamen mit een öllere Schwester, möss he fröh anpacken. Sien ganzet Leven weer dor de Arbeit, de Arbeit un nochmol de Arbeit. Sien Schwester hett heirat un tröck weg. Also bleven sien Mudder un he un later sien Fru un de Kinner. Een ganz normole Buernfamilie in de sösstiger un söventiger Johren. Oma int Hus föll op de Nerven; he un sien Fru huken an mit Arbeit; dor weer veel mit de Hand to beschicken, veertig Köh in Anbindestall, Silo fuddern mit de Schuvkoor, utmisten mit de Schuvkoor. Liekers weer dat Leven goot; se kunnen twors keen Urlaub moken, aver welke Buern möken Urlaub in de söventiger

Johren? Jedenfalls nich de Melkbuern. Aver üm-
merhin, se keemen torecht; de Kinner möken
nich blots Sorgen, sünnern ok Freud, un de
Söhn hett sogor Landwirtschaft lehrt. Dor weer
de Hoffnung, dat güng wieder, obgliek de Na-
vers sticheln: »Du schullst man opholen un dat
Land an mi verpachten! Dien Söhn warrt so-
wieso nich anfangen, op düsse lütte Klitsch!«
Aver he, de Buer, sä: »Solang ik krupen kann un
mien Reken betahlen, warr ik nich opholen!«
Aver he un sien Fru wörrn öller; de Arbeit güng
schworer vun de Hand. De Söhn söök sik Ar-
beit op den Buu; dat Geld langte nich för alle.
De Maschiens wörrn öller un klappriger. Niede
kunnen se nich betahlen. De Navers fungen an
to schnacken; de ersten keemen vörbi un frö-
gen, ob se pachten kunnen; dat harr doch wohl
keen Sinn mehr mit em, aver he hett ehr weg
jaagt, een na den annern, un mehr as eenmol hett
he to sien Fru seggt: »Wenn ik nu doot umfallen
wöör, hier, op de Steed, ik much wetten, vör ik
ünner de Eer bün, ach wat, solang ik warm bün,
sünd all de Geiers al hier west, üm dat Land to
kriegen! Un se warrt sik nich schoomen, nich
för fief Minuten! Se wüllt blots ümmer mehr,
mehr, mehr! De Öös!« Aver dat güng nich wie-

der, dat möss he ok insehn. Oftins hett he in'n Stall stahn, merrnmang de Tieren, un weer vertwiefelt. De Tieren weg geven, so dach he ümmer wedder, ik kann doch nich de Tieren weg geven. Wi hebbt doch ümmer Tieren hatt!

Un denn keem de Söhn mit een Artikel ut Buernblatt. Produktionsaufgaberente. So wat geev dat dormols, Anfang vun de ningtiger Johren. Köh weg, keen Melk mehr levern, dorför Geld vun Staat. »Mook dat.«, sä de Jung: »Dat is beter för uns alle. Mudder is ok dorför.« Un denn, na dree Daag vertwiefelt in'n Stall stahen, hett he Jo! seggt. Liesen, aver dütlich: Jo!

Ohn Probleme keem de Andrag dörch. De Termin stünn, un de Söhn hett den ganzen Bestand verköfft, an een Veehhändler. An den Morgen, as de Lasters keemen, is sien Vadder utneiht. Even noch harr he dat letzte Mol molken; de Melk weer noch warm, un nu schullen de Köh weg? Dor kunn he nich mit üm, un he is weg lopen, blind vör Tranen. Keener wüss, wo he weer. Se hebbt de Tieren ohn em oplaadt; de Söhn hett den Handschlag mit den Veehhändler mookt. »Grööt dien Vadder!«, sä de Veehhändler: »Ik weet, dat is schwor. Warrst sehen, naher kümmt he wedder, un denn geiht dat niede Leven los!«

De Lasters föhren vun Hof, aver de Vadder keem nich wedder. Den ganzen Dag bleev he weg, un sien Fru harr Angst, he harr sik womöglich wat andoon. Se wull al de Polizei anropen, aver denn hett se sik dat doch anners överlegt. Se kannte ehren Mann. Liekers weer se örntlich in Sorg, as se to Bett güng, un se leeg waken, bit de Döör klapp. Denn kroop ehr Mann to ehr int Bett, ganz liesen, un ton ersten Mol siet Johren is se wedder röver rückt, op siene Siet, un hett em ümfaat. »Schöön, dat du wedder dor büst!«, hett se flüstert, un he anter: »Jo, dat find ik ok. Aver dat harr ok anners komen kunnt.« Un se umarmen sik un se hebbt blarrt, tosamen blarrt, bit de Schloop keem, deep in de Nacht.

An nächsten Morgen wörrn se waken, halvig söss, so as ümmer. Aver se mössen nich opstahn to melken, nie mehr. De Köh weren weg un bleven weg.

Dat hett lang duert, bit se sik doran gewöhnt harrn. He kunn nich dorgegen an, dat sien Stall lerdig weer, un kunn dor nich rin gahn, he kreeg denn keen Luft mehr, un se harr forts Tranen in de Ogen, jedet Mol, wenn se Köh op de Weid seeg, jichtenswo, an de Straat, wenn se mit Auto vörbi föhren. Eene ganze Tietlang lepen se nich rund. Melkbuern ohn Köh loopt nu mol nich rund.

Denn aver füng de Söhn an, den olen Kohstall to Peerboxen uttobuen. He wull wieder moken mit de Landwirtschaft, in Nevenerwerb, aver ümmerhin. Dor keem wedder Leven op den Hof. Dat güng wieder. Ümmer geiht dat wieder, oftins anners as plant, aver egol. Een wöhnt sik an veeles. Dat bruukt blots sien Tiet, un plötzlich is dat ganz normol, dat de Kohstall nu een Peerstall is.

As mien Vadder seggen wörr: Dat harr ok leger komen kunnt! Oder, as mien Fru so gern seggt: Schlimmer geiht ümmer…

Nordwestjütland

Vunt Auto ut seh ik
all poor Kilometer
hier in Nordwestjütland
links un rechts blangen de Landstraat
verlatene Hööf liggen

Backsteenhüüs mit Löcker int Dack
kaputte Dackstöhlen
de Fenster
blots noch düster Höhlen
so as de lerdigen Ogen vun een Doden

blangenbi Stallens un Schuppens
windzerzuust un morsch
verwittert se
bit se weg sünd
jichtenswann

wiet un breet
keen Minsch to sehen
hier boben
wiet af vun Schuss
kümmt keen Hamborger mit Geld
üm sik een Resthof to köpen
un hübsch to moken
to köhle Pracht

also staht de Ruinen
still wiest se den Neddergang
vun de Buern un ehr lütte Wirtschaft

överall in Europa
aver nich överall so goot to sehen
as hier
in den eensamen Nordwesten vun Dänemark

ob de Buer noch leevt
froog ik mi
un wo dat wohl weer för em
ton letzten Mol melken
sien letzt Tier verköpen un weten
na mi is Schluss

ob sien Gummistebeln noch dor staht
twüschen Stall un Huus
ob he noch dor hangt
an een Veehstrick ut Nylon
ünner de morschen Balken vun den Dackstohl

froog ik mi
wieldes ik an de riesigen Maststallen
vun den vörbi föhr
de över bleven is

inmitten vun Nordseeluft
plötzlich een Gestank
de mi de Kehle toschnürt un
mien Hart warrt eng
un bang

Bi'n Frisör

Ik gah erst siet meistto dree Johren na'n Frisör.
Ganz fröher, as ik een lütten Jung weer, hett
mien Tante Lisa mi ümmer de Hoor schneden,
un ik heff dorbi ümmer blarrt. Dat dä so weh, ik
much dat gor nich gern.
As jungen Kerdl bün ik denn nich mehr na
Tante Lisa föhrt. Entweder ik heff mi de Hoor
sülven schneden, dat seeg hässlich ut, aver dat
weer mi egol, oder een Fründin, de Frisör lehr,
hett dat mookt; un dat seeg ok hässlich ut, un ok
dat weer mi egol. Allens, wat ik wull, weer: nich
schweiten op den Kopp. All dat anner hett sik
denn doch verwussen, un na een poor Daag harr
ik mi an allens gewöhnt.
As ik denn mit Birte tosamen keem, hett se dat
Hoorschnieden bi mi övernohmen. Se hett dat
so mookt, dat se dat lieden much, un dat weer

dat wichtigste, heff ik ümmer dacht. So güng dat bit vör dree Johrn. Birte kreeg een vulle Steed anboden, un mit een Mol harrn wi keen Tiet mehr för Hoorschnieden. Oder, üm dat anners uttodrücken: Wi wullen uns knappe Tiet tosamen nich mit Hoorschnieden verplempern. Gah doch na'n Frisör, sä Birte, aver ik wull dat nich. Also heff ik Nora froogt, mien Dochter. »Ich kann das nicht. Das sieht nachher bestimmt scheiße aus!«, sä se. Mi egol, sä ik, un se hett mi de Hoor schneden. Ik seeg ut as een rotblonden Dannenboom. Oh, Punk, heff ik dacht, aver Birte much dat nich lieden. Se wull nich mehr mit mi utgahn. »Zehn Schritte vor oder zehn Schritte hinter mir«, sä se: »Keiner soll sehen, dass wir zusammen gehören!« Aver ok dat hett sik geven, as sik de Dannenboom verwussen harr, na een poor Daag.

Sietdem aver gah ik na'n Frisör, int Naverdörp. De kennt mi al un weet, wo ik dat hebben will: Kötter, un de Rest is egol, blots keen Nazifrisur. Allens weer goot, bit ik nülichs wedder dor weer. De Frisörin weer fardig mit Schnieden, dat seeg so goot ut, as dat even geiht bi son hässlichen Kerdl as mi, un denn sä de Frisörin: »Möchten Sie noch eine kleine Kopfmassage?«

»Och nee«, sä ik: »Dat deit nich nödig!« »Ach«, sä se: »Ich hab noch einen Moment Zeit, und Sie müssen ja gleich wieder arbeiten. Ich mach das jetzt einfach.« Un se füng an, mi den Kopp to massieren.

Ik möök de Ogen to, aten eenmol dörch un weer verloren. Weer dat schöön! Ünner ehre Fingern wörr ik week as Fruchtgummi, un jüst, as ik seggen wull: »Frollein Sandra, kommen Sie mit mir! Wir brennen durch und beginnen ganz woanders noch einmal von vorn, ein neues Leben!«, dor weer se fardig. Ik möök de Ogen op un keek in ehr utdruckloset Gesicht in Spegel. Ik kunn dat gor nich glöven. Se harr keen Ahnung, keen blassen Schimmer, welke Macht se harr, in ehre magischen Fingern. Se harr de Weltherrschaft övernehmen kunnt, aver dor dinkt se gor nich an. Se is ganz eenfach Frisörin in een ganz eenfachen Frisörladen. So eenfach is dat.

Ach, ganz blangenbi: Nu gah ik gern na'n Frisör. Lever as dormols na Tante Lisa. Ik blarr ok nich mehr. Un ik bün nu ümmer bestens friseert.

Platt in Alldag

Ik freu mi ja ümmer, wenn ik Plattdütsch höör, ünnerwegens, eenfach so, in Alldag. Ik meen, wenn uns Spraak överleven schall, denn mutt se schnackt warrn, nich blots int Radio bi »Hör mal'n beten to«, sünnern in Alldag, vun de Lüüd. Un so freu ik mi ümmer, wenn ik Öllern mit ehr lütt Kinner platt schnacken höör. Un ik schoom mi, dat ik mit mien Gören nich platt schnacken do. Aver as se lütt weren, weer Plattdütsch in mien Leven noch nich so wichtig, un mien Fru schnackt sowieso keen platt. Un nu, so laat, in de Familie ümtoschalten un blots noch platt to schnacken – dat funktioneert leider nich. Wi hebbt dat versöcht. Hett nich klappt. Wenigstens köönt mien Kinner mi nu böös ween, dat ik mit ehr keen Platt schnackt heff. Machmol hölpt dat, wenn man op sien Öllern

böös ween kann. Een warrt lichter un gauer er-
wassen denn.

Machmol sitt ik in Zug un jichtenswo achter mi
schnackt een platt. Glieks fang ik an to grienen.
Un ik kenn een, de bestellt int italiensche Iesca-
fee ümmer op platt, un he kriggt dat, wat he will,
wiel de Kröger dor een plattdütschen Italiener
is. Un nülichs weer ik in Plön un möss mien Stü-
ererklärung weg bringen, na't Finanzamt. Dat is
denn ja keen son schönen Dag, ik meen, wi all
weet, dat wi Stüern betahlen möot, dormit un-
sen Staat funktioneert, aver wenn dat sowiet is,
denn will een ja doch lever allens för sik sülven
beholen. Ik weer also son beten muulsch, as ik
de Stüerpost bit Finanzamt in Postkassen
schmeten harr. Un denn bün ik över de Straat
gahn in Supermarkt. Ik möss noch wat fört
Meddageten inköpen, un in de Schlang för de
Kass möss ik töven. Dor an de Kass seet een
Verköper, de in allerbeste Stimmung weer un
platt schnack. Mit jedeen Kunden een poor
Wöör op platt, egol, ob Plöner oder Touris, un
ümmer mit een Lächeln in Gesicht. Dor lächel
ik ok, un den Arger wegen de Stüer harr ik meist
vergeten. So, op düsse Wies, kann Plattdütsch di
sogor bi de Stüer hölpen. Is dat nich fein?

Stockholm

Dat Leegste harrn wi achter uns; unse gröttste Krise harrn wi, as wi söss Johr verheirat weern. Dor harrn wi al dree Kinner, aver mit een Mol wüssen wi nich mehr, ob wi tosamen blieven schullen. Üm sik doröver klor to warrn, harr Birte een goden Dag de Kinner inpackt un weer to ehr Mudder föhrt, för een Week. Dat weer Sommer. Opmol weer ik ganz alleen int Huus; dat weer so still un eensam. Dat möök nich mol Spoß, luut Musik to hören – dorbi harr ik mi dat ümmer an dullsten wünscht, wenn mien Fru un de Kinner dor weren. Ik weer frie; ik kunn opstahn, wann ik wull, schwimmen gahn, wann ik wull, allens, aver ik seet int Huus un weer trurig. Mien Fru, mien Kinner: Se weren weg, un ik weer so vertwiefelt, dat ik alleen na Flensborg föhrt bün, üm mi een Konzert vun Art Garfunkel antohören. Un leider ok antokieken. Oh, wo schöön hett he sungen. Un oh, wo heff ik em hasst för sien sülvstverleevtet Lächeln un de hüftstieve Verbeugung na jedeen Leed. Dor stunn he un grien, un ik harr em an leevsten eene schallert. Denn aver sung he »Bridge over troubled water«, un ik seet int Publikum un weer ant Blarrn. Ik kunn gor nich wedder opholen. Mien Fru weer weg, mien Kinner weren weg, un ik heff Art Garfunkel bruukt, üm to blarrn. Achterran güng dat een beten beter, un na een Week is Birte to mi trüchkomen. Dor heff ik wedder blarrt.

Wi wullen tosamen blieven. Un wi füngen an, Pläne to moken. Wat wullen wi an dat Buernhuus ümbuen, wenn ik den Hof övernöhm, wullen wi noch mehr Gören, un so wieder, un so fort. Birte wörr schwanger; Carla keem, un vör wi so ganz op den Hof fast seten un vör Marie to School keem, sünd wi mit de ganze Familie för veer Weken na Schweden föhrt, in den kolen, kloren schwedschen Winter. Dat weer wunnerschöön, un een Dag harrn wi sogor een Babysitter, un Birte un ik sünd na Stockholm föhrt, för een Dag. As een jungverleevtet Poor lepen wi Hand in Hand dörch Stockholm;

dorbi weren wi meist al acht Johren verheirat. Wi eten int Restaurant vunt Nationalmuseum, un achterran keemen wi över een Flohmarkt. Dor funnen wi een schöne lütte Polsterbank ton Sitten, een Meter sösstig breet, un Birte meen, de wörr goot vör unser Bett passen, in de Schloopstuuv. Also hebbt wi ehr köfft.

Allerdings weren wi wiet vunt Auto weg. Egol, ik heff de Bank op de Schuller nohmen un harr ümmer noch eene Hand frie, üm Birtes Hand to holen. So lepen wi dörch de grote Stadt, een seltsom Poor. Een wunnervulle, schöne Fru un een groten, rothoorigen Kerdl mit een Polster-bank op de Schuller. Wi weren meist utenanner lopen, aver wi hebbt so licht nich opgeven un dat nochmol versöcht, un nu harrn wi dat schafft. Eens weer klor, nu, na düsse Krise: So licht kunn uns nix trennen. Wi hörten tosa-men.

Un wi höört tosamen. De Polsterbank ut Schweden steiht noch ümmer vör uns Bett, siet över föffteihn Johren nu, un in twee Johren hebbt wi Sülverhochtiet. Dat harr ok anners ko-men kunnt. Hett dat aver nich.

Truckstop

Kennt ji dat ok, wenn man machmol een Ohr-
wurm hett, een Leed, dat mag man gor nich
gern, aver liekers sitt dat in dien Kopp un du
geihst dörch dien Dag un singst Xavier Naidoo
oder Unheilig oder so un hasst di dorför sülven,
aver du kannst nix dorgegen doon? Ik meen,
Unheilig int Radio, dat is jo al schlimm noog,
aver man kann dormit leven, aver wenn de Graf
in dien Kopp sitt un singt un mit deepe Stimm
seggt: »Ich bin der Graf. Ich bin so düster. Ich
habe einen albernen Bart und ich singe doofen
Schlager.« Denn fangst du an, di würklich Sor-
gen to moken. Ton Glück höllt dat ümmer vun
sülven wedder op.
Liekers sünd de Ohrwürmer dor, un se sünd nie
ganz weg. Nülichst seet ik mit'n Fründ int
Auto; wi harrn eene wiede Tour vör uns, un wi

schnacken över de Musik, de in uns Öllernhüser speelt wörr. Mien Öllern harrn keen Plattenspeler, bi uns int Hus leep ümmer Radio, aver de Vadder vun mien Fründ, de weer Muermann un een groten Truckstop-Fan. As he dat vertell, dor keken wi uns an un wi fungen an to singen:

Der wilde wilde Westen fängt gleich hinter Hamburch an, in einem Studio im Maschen, gleich bei der Autobahn, Take it easy, altes Haus, wer morgens länger schläft, hälts abends länger aus, fang deinen Tag doch später an, dann bleibst du länger dran, ich möcht so gern Dave Dudley hörn, Hank Snow und Charley Pride, un so wieder, un so fort.

Meist een Viertelstünn seten wi int Auto un sungen butenkopps Truckstop, un ik wüss mit een Mol, dat dat een Deel vun uns kulturellet Erbe weer. Allens, wat in uns Köpp is: Truckstop, Xavier Naidoo, Unheilig. Erst weer mi een beten bang. Ik meen, worüm unbedingt düsse dree? Aver denn wörr mi klor, se sünd nich de eenzigen, dor sünd ok annere, betere, un ik heff dacht: Schietegol! So sünd wi nu mol!

Sünnenwende

Dat is ja seker keen Tofall, dat de Christen jüst in de düsterste Tiet vunt Johr Jesus sien Geburtsdag fiert. Ik meen, Jesus is ja nich mehr dor, üm to seggen: »Nee, du, dat stimmt gor nich, ik heff an 13. August Geburtsdag.« Nee, de Christen hebbt seggt: Jesus sien Geburtsdag mutt in de düsterste Tiet vunt Johr ween, üm de Menschen in all düsse Düsternis een beten Hoffnung to geven. Un de Heiden harrn dor sowieso al dat Sünnenwendfest un hebbt Dannenbööm bewunnert, de ok in Winter gröön weren, also schmiet wi dat all tohopen un fiert Geburtsdag mit Jesus.

Ehrlicherwies mutt ik seggen: Ik bün ja eher Heide as Christ. Un ik bün een, de in Heven kiekt un weten will, wat de Sünn so mookt. In Sommer find ik an schönsten, dat dat so lang hell is, un an Winter find ik an schlimmsten, dat dat so düster is. Un dorüm bün ik an 21. Juni trurig, wiel dat bargdaal geiht un allmählich düsterer warrt, un an 21. Dezember freu ik mi, wiel dat bargop geiht un wedder heller warrt. De Winter fangt erst an, aver de Daag warrt al länger, ganz allmählich. Dat Leegste hebbt wi denn achter uns; denn dat leegste sünd November un Dezember, düsse schietigen, gammeligen Moond ohn Licht, un wenn een nich wüss, dat sik dat ännern wörr, denn kunn een sik man glieks achtern Zug schmieten. Un mag dat ok koolt un ungemütlich un schmuddelig ween: Dat warrt wedder Fröhjohr, un dat warrt wedder Sommer, ganz gewiss. Un an 21. Dezember fangt dat an. Ik find, dat mutt örntlich fiert warrn!

Föhren

Machmol is dat wunnerbor
eenfach blots to föhren

an schlechte Daag ton Bispeel
wenn allens scheef löppt un
ik wünsch
ik weer int Bett bleven

wenn denn een vun mien Kinner anröppt
Papa, kannst du mich mal eben abholen?
denn freu ik mi

eenfach blots föhren
ik weet
wo dat geiht
Musik hören
de Landschapp vörbi rauschen laten

aten
nix denken
blots nix denken

anners as dat Leven
föhrt een Auto
ümmer so
as een dat stüert

anners as dat Leven
is een Auto
eenfach

Ort A
Ort B
föhren
ankomen
fardig

machmol wünsch ik
een Leven weer
jüst so

Gülle

Dat is würklich een Phänomen, een erstaunlichet Phänomen, wo dat mit de Gülle so is. Ik meen, wenn du Huutkontakt mit Gülle harrst: Du kannst waschen un waschen un waschen, mit Seep, mit Handwaschpaste, mit Melkmaschinenreiniger, un du kannst schrubben un schrubben un schrubben, mit de Handwaschbörst, mit de Drahtbörst, mit de Schrubbschiev vun de Flex, un dien Hannen sünd so sauber, as se dat noch nie weren, dien ganzet Leven noch nich, aver se stinkt ümmer noch na Gülle, un dat blifft denn erstmol so, för twee oder dree Daag. Denn de Gülle – tomindst de Gestank vun de Gülle – geiht forts ünner de Huut un stinkt vun dor. Dor kannst du nix weg schrubben, un de Gestank stinkt, bit he sik utstunken hett. Un dat duert.

Noch leger is dat, wenn du eene Gülledusch af-
kregen hest. Ik meen, dat kennt jede Buer, de al
mol Gülle föhrt hett. In de Gülle – tomindest in
Rindergülle – is oftins noch Stroh mit binn, un
dat kümmt al mol vör, dat dat Utlooplock vun
den Güllewagen mit Stroh verstoppt is, so dat
dor keen Gülle mehr rut kann. Also mutt de
Buer dorhin un dat ton Bispeel mit een groten
Schrubendreiher frie pucken, aver oftins vergitt
he, dat Schott vun Güllewagen to to moken un
den Druck vun den Kompressor weg to neh-
men, un knapp is de Utloop frie, dor steiht de
Buer in Gülleregen un denkt: »Ik Vullidiot, ik
Eenzeller!« Ik heff dat ok al hatt, merrn op de
Koppel, ik heff dor forts mien Klamotten ut-
trocken bit op de Ünnerbüx un de Gummi-
stebeln, wiel ik nich de Treckerkabine noch in-
sauen wull, un ik bün so dörch't Dörp föhrt,
wenn mi eener sehn hett, de hett wisst dacht, ik
heff eene seltene Perversion oder so, ik geil mi
womöglich doran op, nackig Gülle to föhren.
Un ik wüss genau, ik kunn schrubben un wa-
schen un duschen, ik kunn mien ganzen Körper
inschmeren mit Teehnpasta un achterran wed-
der afspölen: ik mutt wedder fief Daag lang
ganz alleen in de Gästestuuv schlopen.

Aver dat is nu vörbi. Ik heff een Mitarbeiter, de för mi Gülle föhrt. He kriggt dat betahlt, un he hett sowieso een Stuuv för sik. Keeneen quakt an em rüm, wenn he na Gülle stinkt. Machmol beneid ik em dorüm. Aver meistens eher nich.

Supen för een goden Zweck

Siet dree Johren mookt wi dat, fief Frünnen vun mi ut de Jugendtiet un ik, wi dreept uns eenmol int Johr för een Wekenend, Dünnersdag bit Sünndag, blots wi, ohn Fruuns, een Herrenwekenend. Jedet Johr mööt twee vun uns dat vörbereiden – dat löppt ümmer üm – un de annern mookt mit un dörpt nich rümquaken.

Wat schall ik seggen? Dat is schöön. Sogor mien Söhn Peer hett nülichs to mi seggt: »Pabba, dass ihr das macht, find ich total cool!« Un dat is dat ok. Hett een beten wat vun Klassenfohrt, blots ohn Deerns, aver ok nich blots. Dat is nich blots Nostalgie, sünnern de Dreih, uns ole Fründschopp in de Gegenwart röver to trecken. Un dat klappt. Wi seht uns eenmol int Johr, aver wi sünd Frünnen.

Vergangen Johr weren wi in Schweden, in een

Dörp mit den schönen Nomen Knäred. Wi harrn dor een lütt Ferienhus, un wi hebbt uns dat goot gahn laten. Wi weren schwimmen, wi lepen dörch den Wald, wi hebbt uns vun Mükken un Gnitzen un Bremsen steken laten, wi harrn Spoß. Wi seten ümt Füer, wi eten un schnacken un sopen. Vör allem hebbt wi sopen. Wi harrn söss Kisten Beer mit, un veer dorvun weren an ersten Avend lerdig. Dor kregen de ersten vun uns Panik. Se dachen, wi wörrn övert Wekenend garanteert dröög fallen. Also sünd wi an nächsten Morgen – also Nahmeddag – in de nächste Stadt föhrt. Systembolaget, de staatlichen Schnapsladens in Schweden. Rin, dree Paletten sündhaft düret Starköl, in Dosen, wedder rut, un wi weren beruhigt. Af na't Hus, Füer anböten, schnacken, Beer drinken.

Nächsten Morgen – also Nahmeddag – weer dat Beer wedder all. Wi mössen nochmol los. Aver nich in de Stadt, wi hebbt uns dacht, för den letzten Avend langt ok Folköl ut den Supermarkt. Wi also rin un hebbt erstmol de leeren Dosen in den Pandautomaten schmeten. Un süh, dor hebbt wi wat Geniales faststellt: In Schweden, an Pandautomaten, kannst du di dat Geld utbetahlen laten – oder du kannst dat för een goden Zweck spenden. Wi weren begeistert un hebbt spend. Supen för een goden Zweck – dat is super, crazy, wunnerbor. Wi hebbt glieks nochmol fief Paletten Folköl köfft un utsopen, un dat allens, üm uns Welt een beten beter to moken. Un Spoß dorbi to hebben. Ganz schöön clever, de Schweden. Dat weer mi nich infullen.

Ik glööv, düt Johr föhrt wi wedder na Schweden. Dat juckt uns. Wi wüllt endlich wedder wat Godet doon. Dat fehlt mi so; ik glööv, dat kann sogor süchtig moken.

Buer oder nich Buer?

Oftins warr ik fraagt, ob ik würklich noch Buer bün. Logisch, segg ik denn, klor bün ik Buer. Ik bruuk de Arbeit op den Hof; ik bruuk den Geruch vun de Köh; ik bruuk dat rhythmische Geklacker vun de Pulsatoren in Melkstand; ik bruuk Köh üm mi rüm, de so op de Weid liegt un wedderkaut, as ob allens annere unwichtig is. Ik bün Buer.

Machmol warr ik aver ok anner Saken fraagt. Dat is een Tiet her, dor harr ik een Optritt in Plön bi dat Plöner Theater- un Comedy-Festival; ik schull an den Avend ümmer mol wedder för fief Minuten optreden un de Veranstaltung een beten Lokalkolorit verpassen. Vör un achter mi weren professionelle, bekannte Bühnenkünstler an de Tour, un backstage lepen wi uns övern Weg. Un as de Avend vörbi weer, dor keem een vun de groten Kabarettisten na mi hin, nöhm mi bisiet un sä to mi: »Also, vorhin, deine Rolle als Bauer, wirklich, das hat mich echt von den Socken gehauen. Nicht übertrieben dargestellt, aber absolut authentisch rüber gebracht. Darf ich fragen, wie du für diese Rolle recherchiert hast?« Un he keek mi an. Ik möss lachen. He harr würklich keen Ahnung. »Tscha«, anter ik, »Ich habe jahrelang absolut inkognito unter Bauern gelebt. Irgendwann haben sie mich akzeptiert. Ich war sozusagen einer von ihnen. Ein absolut einzigartiges Projekt.« Ik keek em in de Ogen. He weer deep beindruckt. »Alle Achtung!«, sä he: »Alle Achtung!«. Un he schenkte mi een respektvullen Blick un nick mi to.

Ik harr meist in Disch beten vör Lachen. Aver ik bleev ganz ernst. Bit ik buten weer.

Op'n Dackböön

Mien Öllern hebbt nie, in ehr ganzet Leven nich, jichtenswat wegschmeten. Se harrn ümmer noch Platz, üm allens optobewohren, un also hebbt se allens, würklich allens opbewohrt. To-erst in all de Stuven, de bi uns int Buernhus lerdig stünnen, as se noch hier wohnt hebbt. As mien Familie un ik op den Hof trocken sünd, heff ik all den Kroom vun mien Öllern in ehr Olendeel schleept, op den Dackböön. Klamotten, Bettdecken, ole Böker, ole Breefe, Fotos, Papieren, allens. Dat is nu över föffteihn Johren her, un dat meiste vun den Kroom weer noch ümmer in de Säcke, in de ik dat dormols steken harr. Blots, dat de Säcke kaputt reten, as ik ehr nu hochböhren wull. De weren mit de Johren möör worrn.

Denn wi hebbt beschloten, den Dackböön uttobuen. Uns öltste Dochter will dor intrecken, wenn se ut ehr Au-Pair-Johr in de Schweiz wedder kümmt. Un vör wi dor een Wohnung buen köönt, möös erst de Kroom weg. Mien Mudder, mien Broder un meistendeels ik hebbt sortiert, in Opbewohren, Wiedergeven, Wegschmieten und Verfuddern. Dat hett mien Mudder örntlich mitnohmen, un ik kann dat goot verstahn. Ik bün datsülvige Fleesch un Bloot, ik kann ok nix wegschmieten un wohr allens op, solang ik Platz heff. Oftins heff ik mi vörstellt, wo mien Kinner in veertig Johren oder so dor sitt un mien Kroom sortiert un över mien Leven nadenkt un viellich den Kopp schüttelt över allens dat, wat ik nich wegschmieten kunn. Düsse Biller harr ik in Kopp; se weren ganz klor vör mi. As ik dor so seet un sortier den Kroom vun mien Öllern, dor föhlte ik würklich, wo neeg ik ehr weer, obwohl mien Mudder ümmer blots schimp, ik wull jo doch allens wegschmieten, ehr ganzet Leven wull ik wegschmieten.

Opbewohrt hebbt wi de Fotos, de Böker, de Breefe un de Papieren, wenn se Erinnerungswert harrn. Wiedergeven hebbt wi de Klamotten, de noch goot weren, un dat gode Dutzend Fellerbetten, vull mit Göösfellern, de Mudder sülven ruppt harr. Wegschmeten hebbt wi allens, wat würklich nich mehr to bruken weer, un an unse Schwien verfuddert heff ik een poor Zentner Appelmuus, Birnen, Bohnen, Kirschen, Rootkohl un Rode Beete, allens, wat Mudder inmookt harr, siet över veertig Johren. De Schwien hebbt sik freut. Sünd örntlich fett worrn, de Öös.

As ik dor so seet, opn Dackböön, alleen, un sortier de Fotos un de Breefe, dor wöör mi schwor ümt Hart. Wat heff ik dor allens funnen: Geburts- un Starveurkunden vun mien Opa, den letzten Utwies vun mien Oma mit ehr Ünnerschrift, noch so vertruut, dorbi schrifft se al siet eenuntwintig Johren nich mehr, so lang is se doot. De Kondolenzliste vun de Truerfier vun mien Unkel Kalli, de meisten vun de Lüüd, de ünnerschreven hebbt, sünd nu sülven doot, lang doot, un een Foto vun mien Tante Rosi un eene Fründin, een Farffoto ut de sösstiger Johren, twee wunnerhübsche junge Deerns in sexy Miniröck, op de Weid vör mien Unkels Buernhof. Frech lächelt se in de Kamera; se weet, wo schöön se sünd, un ehr Lachen is de reine Levensfreud. Ok Rosi is fröh storven, so as mien Unkel, un as ik dor so seet, dor rinn mi ehr Leven – oder mien Entsinnen doran – dörch de Fingern, so gau, so gau, un ik föhlte mi nich glücklich, nee, aver ant Leven. Denn dat mookt dat Leven vun uns Menschen ut: Föhlen un Entsinnen. Un joo, ik doo dat gern. Ok wenn dat weh deit.

Wat ik mi wünsch

Mol dat Handy utstellen
för een Tiet
mol nich erreichbar ween
för nüms
blots för de Hannen
un de Lippen
de Hut un de Hoor
vun mien Fru

frie hebben
un frie ween
för een Tiet
nix denken
nich gruveln
nich twiefeln
blots föhlen
un nich mol mööd ween

blots dor
wo ik hingehör

Tiet hebben
för een Tiet
so richtig
un nüms will wat weten vun mi
ik mutt nich schlau ween
oder so doon as ob

glücklich ween
för een Tiet
Glück för ümmer gifft dat nich
aver wenn ik glücklich bün
will ik dat ok spören
un nich denken
dat kunn nu aver ruhig
noch een beten beter ween

un nich toletzt
een godet langet Leven
för een Tiet
nich blots för mi un mien Fru
ok för mien Broder
un dat mien Kinner nich vör mi starvt

dat allens
wünsch ik mi
in Ogenblick

morgen kann dat
al wedder anners ween

allens is ümmer anners
allens is ümmer niet

dat kann schöön ween
mutt dat aver nich